みんなが輝くために3

原作・著　梅田　真理

マンガ　　河西　哲郎

JN113151

登場人物 みんなが輝くために

松平 彩 (まつだいら あや)

大黒市立第二小・通級指導教室「学びの教室」担当教諭として学校生活で困っている子どもたちを明るく支援する。新しく始められた巡回指導では、第一小への巡回指導も行うことになる。

林 ちえみ (はやし ちえみ)

第一小「ことばの教室」担当教諭。特別支援教育コーディネーター。巡回指導で来校する彩と第一小教員との間を取り持つ役割も果たす。

桜田 真理 (さくらだ まり)

特別支援教育の豊富な経験を持つ彩の大学時代の恩師。通級担当になって以後はいつでも気軽に相談に乗ってくれる良き理解者。

あらすじ

特別支援教育を大学非常勤講師で教えていた松平彩は、夫の希望で移り住んだ茨城県大黒市（※）でひょんなきっかけで小学校通級指導教室の担当教諭に任命される。
さまざまな困難さや学校生活を送るうえで悩みを抱えた子どもたちと担任が彩のもとを訪れる。彩は周囲の先生や児童の家庭とときにはぶつかりながらも協力の道を探り、その子にふさわしい支援策を考えてゆく。第3巻では巡回指導が始まる。

※茨城県大黒市はフィクションです

第9話 ぼくは自分のやりたいことが止められない

大久保 悠真
（おおくぼ ゆうま）

新1年生。元気な男の子。多動と不注意さで支障が出始める。

村上 裕子
（むらかみ ゆうこ）

悠真の担任。以前担任した児童のことで通級と連携した経験を持つ。

第10話 巡回指導が始まる

木戸 和馬
（きど かずま）

前原 結
（まえはら ゆい）

野村 陽太
（のむら ようた）

前田 あかり
（まえだ あかり）

4人は学校生活での困りごとは異なるが、周りと仲良くしたい気持ちは共通している。彩の巡回先の第一小児童。

第11話 私はなぜか怒られてしまう

前原 結
（まえはら ゆい）

無視すると思われて周囲との関係がうまく作れなくて困っている。

浅野 久美子
（あさの くみこ）

結の4年生担任。熱心な先生だが児童の特性への対応は少し他人任せ。

上杉 直樹
（うえすぎ なおき）

結の5年生担任。通級と連携して児童の特性へ対応しようとする。

第12話 ぼくは自分のルールを変えられない

世良 匠
（せら たくみ）

絵の才能で一目置かれるがこだわりの強さで周りに引かれてしまう。

越智 真由美
（おち まゆみ）

匠の5年生からの担任。規律正しく児童全員を指導するのを重視する。

学びの
教室

もくじ

第9話
ぼくは自分の
やりたいことが止められない

授業参観の風景少しのぞかせてもらったんですがとてもいい雰囲気でしたね

村上先生！

え〜そうですか？ありがとうございます！

千雪さんも不注意がだいぶ改善されたようで勉強もがんばって成績のほうも右肩上がりですね

そうなんです！中学校ではまたピアノを始めるか吹奏楽部に入るか迷うって言っていました

※1巻2話参照

ふふ
通級に通って
本当に明るく
なりましたよね

４月で通級指導教室が
できて３年になるんですね
なんだか学校全体が
よい方向に向かっている
気がします

通級指導教室
「学びの教室」

４月―

入学式

大黒市立
第二小学校

トレーを入れたら整理しやすいかしら…

せいとん

悠真君！教科書あったわよ

こくご①

あら…？

キアゲハだ！

あ！アゲハ蝶！

違うよ！
アゲハ蝶はナミアゲハで
キアゲハはそれよりも
羽とか体が
黄色っぽいんだよ

それで幼虫とか
サナギのときも
違いがあって…

そうなんだぁ

すげー

へ〜？！

ほら
教科書あったわよ

悠真君
蝶を探すのは
休み時間にしようね

は〜い

そうだ！
これから蝶を
探しにいこうよ！

でも…

え…

悠真君
ちょっと強引なところは
あるけれど

他の子を
引っ張ってくれる
リーダー的存在なのよね

でも少し
困ったところも…

・授業中隣の子に話しかける

みて！
あたらしい
ケシゴム！

・挙手して指名してないのに答えを言う

りんご
みっつ!!

はい

はい

この問題
わかる人

・順番や当番を守れない

こっちだよ

これがいい!!

この間読んだ本の
ADHDの多動とか衝動性の
特徴に当てはまるような

松平先生に相談して
みようかしら…

いや、悠真君もまだ一年生で
珍しいことでもないし
男の子なんだし

決めつけはよくないし
松平先生もお忙しいし…

ADHDと言えば
確か千雪さんのときは

声掛けしたり教科書を
袋にまとめたりしてたわよね
試してみようかしら…

この中に教科書や
ドリルをまとめておけば
分かりやすいって
先生がくれたの!

便利ねぇ
じゃあ
お母さんが
手伝う必要ないかな

えー
チェック表
一緒に確認して!

先生！すみません
少しお話ししても
よろしいでしょうか…

悠真君の
お母さん

私もお話ししたいと
思っていました

キーン
コーン

先生
悠真はいつも
あんな感じなの
でしょうか？

前からちょっと元気が過ぎたり
だらしないところは
あったんですけど
小さいし男の子だからって

そんなに気にして
いなかったんですが
今日他のお子さんたちの
様子を見ると…

やっぱり他の子に比べて落ち着きがないですよね…

お母さんも気にされていたのですね

私も気になっていたのでどのようにお伝えしたらよいか悩んでいました

ではまずは学校とおうちで気をつけて様子を見ていきましょう

また機会を作ってご相談させてください

よろしくお願いします

2学期

学芸会

はぁ...

そういえば
小さな頃から
動きが多くて...
よく迷子になって
呼び出してもらった...

○○○○

通級指導教室
「学びの教室」

通級とは

パサ...

そうですか
やはり家でも
衝動的な行動が
見られるんですね

はいそうなんです
どうしたら
いいでしょうか…

あの…
実は本校にはこんな
教室があるんですが…

通級か…

通級指導教室
「学びの教室」

カチャ…

今後困るのは
私じゃなくて
あの子自身だから

悠真君
机の中をきれいにするために
帰りの準備をするときに
この２つの箱を使って

「家に持ち帰るもの」と
「学校に置いていくもの」
に分けていこう

がっこう　いえ

じゃあ
まず先生と
やってみよう！

はーい！

こう　いえ

多分
悠真君は分類するのが
苦手だと思うのよね

まず
大まかに
ざっくりとした
ところから……

今度から
このチェックシートも
使っていこうね

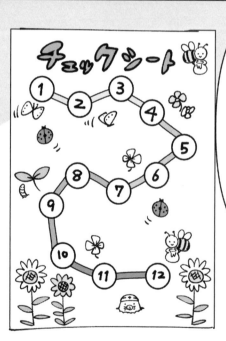

授業中に動きたくなったり
おしゃべりしたくなったとき
我慢できたらこのシートに
チェックしていくの

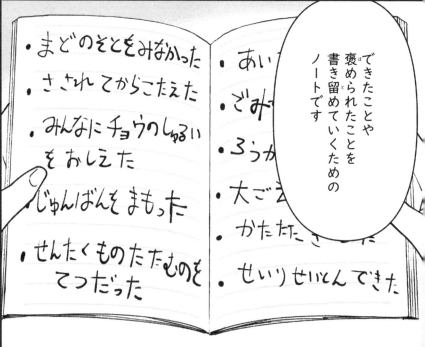

家でも通級でやっていることをやってみようと思います

学校で使うものは青い箱 おもちゃは緑の箱にしまおうね

うん 分かった

先生方のアドバイスを実施したところ いい変化が見られました

悠真君 クラスでは どうですか?

通級指導教室「学びの教室」

そうじがかり

こくばん
きょうつう
ろうか
マド

4 1
3 2

ゆうまくん

窓の下半分を隠してみたら
外の景色が見えないことで
集中しやすいみたいです

掲示物も少なくして
一つ一つ大きく見やすい
ものにしたのも
よかったと思います

それは
よかったです！

その他にも
地域の幼稚園や保育園との
連携を強化していく
必要がありそうですね

引継ぎは
資料がメインだったけど
話し合いの場も
設けましょうか？

そうですね
悠真君の通っていた保育園では
「リーダーシップのある元気な子」
との連絡でしたが

詳しく聞くと
保育園の先生も気になるところは
あったみたいですしね

悠真君は活発で
おしゃべりなので
みんなを引っ張って
くれていましたね

大黒保育園

でも
お片付けができなかったり
集まってお話を聞くのが
苦手だったりということも
ありましたけど

就学前の子だと
そういった子も多いので
特段気にしていなかったですね

と
おっしゃってました

村上先生は
早くから気づいて
ご自身でフォロー
されてたんですよね

ええ、でも…
理解しているつもりでも
頭のどこかで
同じ対応をすれば大丈夫って
思っていたんですよね

ADHDといっても
症状や困っていることは
子どもたち
一人ひとりで違うのに…

村上先生…

そうですね
一つの側面しか知らなければ
子どもが何に困っているのか
どんな支援をしていけばいいのか
なかなか分かりませんから

それでも

気づいてあげられるって
ことが何につけても
第一歩になるんですから
胸張っていきましょう！

はい！
それでアドバイスというか
事例とか先生にお聞き
できたらなって

そうね
例えば…

桜田先生
研究室

そう!?
今度はそんなことが
あったのね

作業療法士などが
幼稚園・保育園に
巡回支援を行いながら
就学先へのスムーズな
移行を促したり

5歳児健診を実施して
そのなかで行動観察や
保護者懇談を行って
行動上の問題や社会性の問題を
発見したり
フォローアップしたり
するところもあるわね

入学前に
幼・保・小で連絡会を設けて
顔を合わせての情報共有が大事よ！

課題がある子でも
引継ぎ資料にそのことが
書かれていなければ分からないもの
実際に会って話すことで
互いに気づくことってあるものだから

そうですね！勉強になります！

今伝えたのは幼・保・小の間の話だけれど

関係する機関(きかん)全体が協力・連携して小学校までじゃなくて中学、高校と継続(けいぞく)して支援を続けられるようにしていかないとね

学びの場が変わっても子どもたちが安心して自分なりの学びをできるようにしていくことが大切なのだから

コト…

「学びの場が変わっても」かぁ…

保育所・幼稚園との連携

　子どもの成長には多くの人がかかわります。両親はもちろん、保育所や幼稚園、療育機関など家族以外の大人がかかわることもあります。学校は現在の状態を把握するためにも、幼児期の様子を知っておく必要があります。もちろん、これは幼児期の情報のみでなく中学生であれば小学校時代のこと、高校生であれば小・中学校時代のことなど、前のステージの様子を知ることが大切だということです。

　幼児期といっても1～2歳の小さな頃と就学前の5歳頃では、子どもの様子は大きく変化します。特に「落ち着きがない」「すぐカッとする」「集団行動がとれない」「コミュニケーションがとれない」などは、3歳頃まではよく見られる状態であり、障害かどうかの見分けは難しいでしょう。5歳を過ぎてもこのような状態が続いていれば保育者も「気になる」子どもとして意識しますが、そのことを保護者に伝えることにはためらいがあるはずです。そのため、「気になる」と思いながらも個別の支援をすることができず、小学校入学へと進むケースも少なくはないでしょう。

　しかし、先に挙げたような行動上の特徴は小学校では大きな問題となり、子どものくらしづらさにつながります。学校は、子どもにそのような特徴があることを事前に情報収集し、何らかの手立てを準備することが大切です。このような事前の準備は、子どもの混乱や不安を減らすこととなり、幼稚園・保育所側にとっても、子どもが安心して小学校でくらせるよう環境を整えることにつながります。

　小学校と保育所・幼稚園の連携は、それぞれの場での保育、教育の様子を知り、次のステージを踏まえた保育、前のステージでの育ちを踏まえた教育につながります。このことは、何より子どもにとって安心して過ごせる環境をつくり出すこととなるでしょう。

第10話
巡回指導が始まる

職員室

巡回ご苦労様です！

こんにちは！

ガラッ

茨城県大黒市は
市内小学校（9校）に
発達障害を対象とした
通級指導教室の拡充を行う
拠点校を設けそこから巡回による
指導をすることになった

第二小に加えて3校が拠点校となり
通級担当教員は
週のうち3日を拠点校で
2日を巡回で指導することになった

大黒市立
第一小学校

松平先生
こんにちは—！

こんにちは！

勝手の違う学校だと
慣れるまで
大変でしょうし

何かあれば
声をかけて
くださいね

あら
早速!?

林先生少し
よろしいですか?

担任とは話せば
関係が作れそうだったが
今後を考えると
このままでは
いけないと考え

特別支援教育
コーディネーターの
林先生と相談し
管理職とも
何度も相談した

研修会や先生方との
顔合わせもやったなぁ
あれがあったから
今いい雰囲気なんだよね

松平先生
こんにちは！

武田先生！
今度の日曜日
バスケの試合
なんですよね

ええ
部員のみんな
いっぱい練習してますから
絶対勝てますよ！

うれしいです!

第一小の学びの教室の子どもたちも
松平先生が来る日が楽しみみたいよ
みんな明るくなってきたみたい

あら松平先生!
こんにちは

がんばって
ください!

巡回指導が始まったおかげで
子どもたちは自分の学校で
指導が受けられるものね

今までは他の学校に
保護者と児童で
通っていましたからね

そういえば
通級指導教室拡充の
後押しには陸君のお母さんの
貢献もありますね

お母さん世代になった
ファンの方たちの
共感を呼んだようですね！

ティーン誌の
モデル時代から情報発信が
上手だったものね！

小早川市長、第二小に設けた
学びの教室への親御さんの
評判がよいので拡充をお考え
いただきたいのですが！

そうですね
黒田教育長
私もそれを
考えていました

ようこそ！
陶芸の街 大黒市へ

通級指導教室は今後どのような展開をお考えですか?

はい 市内9校中3校を拠点校にして3校の通級担当教員に週2日他校を巡回してもらおうと思うのですが

それは大切なことですからぜひ進めてください

そのためには他校巡回の際の教員の身分や他校の支援体制づくり理解啓発など下準備も必要になります

そうそう！

ご存知かもしれませんが

通級指導教室を利用したお母さんの動画がすごい人気になっています

ホーム　　　動画　　　再生リスト

子育てのなな不思議

チャンネル登録　32.5万人

登録済み

私の子どもは就学前に発音の苦手さが小学校に入って読み書きの苦手さが分かりました

そんな私の子育てをご紹介して同じようなお子さんを持つ方と共有できたらいいなと情報を発信しています

※2巻8話に登場した細川陸君のお母さん

▷ ⅠⅠ 💬 ⋮

小学校に入学してからよかったのは私の住む大黒市の小学校に通級指導教室があったことです!

通級とは

?

↓

おおむね通常の学級で学習することが可能な、一部専門的な指導を必要とする教室

子どもの特性に合わせた個別指導を受けられたことで今も動物好きで元気な男の子に育っています

私も教えてもらって見ましたよ！お母さんもご苦労なさったようですがお子さんの成長を実感できました

陸君のお母さんも市長と教育長もがんばってくれたわね

そうですねだから私もがんばらないと

1年前——

あれ～!?手からボール離れて転がっちゃう

そういい感じ!

大丈夫だよ
ボールをたたくんじゃなくて
引きつける感じだよ

陽太君
足も速くなったしシュートもいいね

がんばってたくさん練習したから大丈夫!

みんなファイト!

学びの
教室

今日はみんなで
一緒の授業を
してみましょう！

はーい

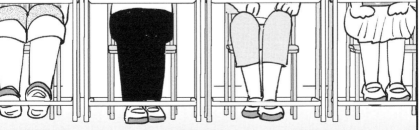

| 木戸 和馬
小3 | 前原 結
小4 | 野村 陽太
小4 | 山田 あかり
小3 |

じゃーん

ヤッター

今日はすごろくを
したいと思います

ゴール

四人とも
自己表現や他の子と
どう関わるかを
難しく思っているから

ゲームを通して
他者理解と自己理解や
やり方を考えてもらうと
いいわね

Qのマスは
「なんでもQ」
質問に答える
マスです

そして
その質問は
みんなに
作ってもらいます

えっ
それ配るの？

じゃぁ
ぼく配るよ！

みんな
書くもの
ある？

こうやってみんなに
うまく声かけしてくれて
優しいな

和馬君は周りのいろんな音が
一気に聞こえて
肝心な相手の話を集中して
聞くことができないことがあるけど

ほらまた！

ホントだ！
和馬は
感覚が鋭いのね
すごいわ！

って言われたのが
うれしかったです

ぼくは
周りの音が気になって
ぼーっとしちゃうんだけど

感覚が鋭いのかなあ
と思ったので
うれしかったです

つぎ誰の番だー

わたしー

相手の気持ちや表情がうまく分からない部分があるから

相手のことを考えられない子のように思われちゃったりするけど…

仲良くしたい優しくしたいって願う思いはみんな同じよね!

「巡回による指導」とは

　「巡回による指導」とは、通級指導教室のない学校へ通級指導教室の担当者が出向いて「通級による指導」を行うことです。

　校内に通級指導教室のない学校の子どもが「通級による指導」を受ける際には、その学校まで通って指導を受ける「他校通級」という形を取ることが一般的です。しかし、保護者が仕事をしていて送迎ができない、通級指導教室が設置された学校が遠く送迎に時間がかかるなどの理由があり、指導を受けたくても受けられない状況がある場合は、教育委員会の判断により「巡回による指導」を実施することができます。その場合は、通級指導教室の担当者が「通級による指導」が必要な子どもの在籍する学校へ出向き指導を行います。自治体によっては、あらかじめ地域の拠点となる学校に通級指導教室を設置し、そこから周囲の学校への「巡回による指導」を行うようにしている場合もあります。子どもにとっては、慣れた環境で「通級による指導」を受けられる、移動の負担がないなどのメリットがありますし、担任にとっても情報共有がしやすいなどのメリットがあります。

　ただし、担当教員は本来の勤務校を離れて指導を行うわけですから、どのような立場で（例えば、巡回先の学校の非常勤講師など）他校に出向くのかについて教育委員会で検討が必要です。また、巡回先の学校の管理職を始めとした職員の理解も必須です。「通級による指導」とは、どのような子どもに対してどんな支援を行うかについての正しい理解がないと、「教室で遅れている勉強を補充してくれる」「適切な就学先へつながるまでのつなぎ」など、間違った理解で進んでしまう可能性もあります。もちろん、保護者への周知、理解啓発も必要でしょう。「巡回による指導」を考える際には、教育委員会を始め対象となる学校の関係者も含め十分に検討し、準備を進める必要があります。

第 11 話
私はなぜか
怒られてしまう

結ちゃんの行動 ①

きりーつ

キーンコーン

今日の授業は
ここまでです

では
黒板消し
お願いします

それじゃぁ
このプリントを
配っておいて
ください

はい!

なんでいつも先生のこと無視するの？

なんど言ったらわかってくれるの…

？

結ちゃんの行動 ②

結ちゃんはどう思う？

とっても似合ってる

え～

かわいい！

ショートにしたんだー

え…

短いのもいいけど わたしは長い方が好きだな

スタ スタ スタ

結ちゃんの行動 ③

浅野先生私のこと嫌いなんだ…だからいつもこんなふうに言うんだ

はぁ…

私も浅野先生嫌い…！

結ちゃんまた先生に怒られてたね

いつものことじゃん

普通あんなことしないよねー

日曜日

DAIKOKU MALL

昨日の放送見た？
ついに来週最終回か―
終わっちゃうの
悲しいなあ

結ちゃんはさ
最後に呪いがとけて
人に戻れると思う？

あ

結さんのお母さんは
二者面談のときに
通級指導教室を紹介され

結が
ご迷惑をかけて
もうしわけありません

いえいえ
結さんがちゃんと普通に
学校生活を送れるように
一緒に考えていければと
思います

2学期終わり頃に
結ちゃんの通級利用が
決まりました

学びの
教室

結さんが
楽しく学校生活を送れるように
していきたいですね

今度
保護者学習会をしますので
ご都合がよろしければ
お出でいただけませんか

保護者学習会ですか？
どんな内容
なんでしょうか？

今回は
保護者の方が
子どもになってもらう
寸劇みたいなものを
予定しています

保護者学習会

それでは私が
お母さん役になります
皆さんには子ども役を
お願いします

宿題を忘れた場面①
スタート！

先生から最近宿題を
よく忘れるって連絡が
来たわよ！
ちゃんとやりなさい！

だって

昨日は
友だちと約束が
あったから…

えーっと

あら次は
アドリブ？

母親	子ども
だって昨日は 友だちと 約束があったから…	アドリブ
また言い訳ばかりして なんで あなたはいつもできないの	

先生から最近宿題をよく忘れるって連絡が来たわよなにかあったの？

だって昨日は友だちと約束があったから…

そうなんだどんな約束があったの？聞きたいな

実はね…宿題が出る前に愛ちゃんと縄跳びの練習をする約束があって…

結さんのお母さんいかがでしたか?

一回目のほうは子供の意見を聞かずに怒ってる感じで嫌でしたね

二回目はきちんと会話になるような言葉選びでよかったなと思いました

そうよねなんか一回目はきつい言い方でしたよね

いくら子どもが宿題を忘れたとはいえただ怒ってる感じでしたね

ええ

は

3学期

4-3

先生
学びの教室に行ってきます

はい
行ってらっしゃい

こういうことは
専門家に任せるのが
一番よね

先生の話を聞いているのに怒られちゃったりしないとか…

無視してないのに無視してるって言われたりしないとか…

「普通の人」って私とは違うみたいな気がします

そうなのね…

学校には
暗黙のルールが
たくさんあるけど

きっと結さんは
学校のルールを
尊重しないわけではない

でも学校には
人や場所によって
無数のルールがあるから

そういう部分が
分かって
いないんだわ

今日はすごろくをしたいと思います

３学期もこれでおしまいね結さんも自分のことが前に比べたらよく分かるようになってきたわね

でもなかなか理解できない人もいるなぁ無視もしてないしけんかする気もないんだけど…

「学びの教室」連絡帳

2021年3月12日

年組	名前
4-2	前原 結

学期目標	相手の求めていることを知ろうとする

学びの教室 担当から	結さんが3学期から始めた学びの教室ですが、 人との関係づくりで困っている背景にどのような原因が あるかについて、本人も少しずつ気づき始めています。 本人は良い関係づくりができるコツを学びたいようです。

担任から	友だちを無視するような態度はだんだん減ってきているように 思います。 ただ自由に振る舞うことも個性と言えるかもしれないので 教室内でトラブルを起こさないように見守っています。

家庭から	最近、話し出す前に「お母さん、夕ごはんの準備しているとき にわるいんだけどちょっと聞いてくれない」と言ってきたのでビッ クリしました。 相手の気持ちや都合を考えてくれるようになってきたと思い ます。

じゃーん

一般的には
こういうやり方も
あるから
知っておくと
いいわよ

そうね
距離感は
気にしたほうが
いいかもね

よいやり方

話をするときは手をのばしてもさわらない距離

嫌な感じがしない距離だな

ねえ
一緒に遊ばない？

よくないやり方

この子はちょっと近すぎます

なんか近すぎて嫌な気持ち不安になる

ねえ
一緒に遊ばない？

こちらこそ学びの教室に
ご理解いただいて
ありがとうございます

結さんの担任の上杉先生！
こんなストレートなお礼
うれしいわ

結さんのことは
学びの教室と連携しながら
しっかりと
やっていこうと思います

できたら
担任との情報交換会も
開いてもらえればと
思います

そうですね
共通理解を図るために
こちらからも
お願いします

４年生の担任の先生から引き継がれたことや

結さんがこんなふうにしたいということなど積極的に情報交換を行いました

5-2

結さん 学びの教室だね！

はい 行ってきます！

ガラッ

「個別指導」と「小集団指導」

　通級による指導は、基本的に個別指導で行います。なぜなら、子どもの困難の状況は一人ひとり違い、その違いに応じた指導が必要だからです。また、対象となる子どもたちは、通常の学級でそれぞれの特性による様々な困難を経験し、多くの失敗体験をしています。場合によっては、そのような体験から「学校へ行きたくない」「勉強する気になれない」「きっと失敗するからやらない」などの二次的な問題を起こしていることもあります。そのような子どもの気持ちを受け止め、どんな困難があるかを理解し、どうしたら改善できるかを一緒に考えるためにも、個別指導でじっくりとかかわることが大切です。子どもが安心して学ぶことができる、得意なことを伸ばし苦手なこととも向き合えるように支援する場所が通級指導教室です。

　一方で、発達障害を対象とする通級指導教室には、対人関係や会話、ルールの理解などに課題のある子どもがいます。そのような場合、個別指導ではある程度困難が改善されても、通常の学級での状況は変わらない（問題が改善しない）ことがあります。これは、個別指導（1対1）と学級集団（大人数）の状況の違いによるものと考えられます。そのため、似たような課題のある子どもたちを集め、2～5人程度の小さな集団で指導を展開する「小集団指導」が行われることがあります。小集団指導は、個別指導である程度通級による指導に慣れ、課題の改善も進んだ子どもたちの次のステップとして用いられることが多いようです。ただし、同じ時間に集まる必要があるため子どもたちの日程を調整しなければならない点に難しさがあります。そのため常時行うというよりは、月に1度など普段の指導と組み合わせて行うことが多いでしょう。

　基本は個別指導と押さえ、通級指導教室に通っている子どもたちの特性やそれぞれの困難に応じて柔軟に考えることが必要です。

第12話
ぼくは自分のルールを
変えられない

松平先生
そろそろ第一小にも
慣れましたか？

だんだんとですね
まだ先生方との連携は
ぎこちない
気がしますが

でも林先生が
間に立ってくださるので
前進してます！

ペこっ

それなら
よかったです

あれ？

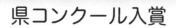
県コンクール入賞

この絵って前は飾ってませんでしたよね？

4-2 世良 匠

どんな子が描いてるのかしら

すご〜い！緻密な絵ですね〜！

ああ4年生にとても絵が上手な子がいて県コンクールで入賞したので飾らせてもらってるんです

4-2 世良 匠

コンクール入

4-2 世良 匠

匠君は漢字が得意なのね

登場人物の気持ちの読み取りもがんばってみようね

匠君
またテストに
絵描いてる
うまいなー！

えー
でもダメ
なんだよ

42
世良

いいじゃないか
ぼくの勝手だろう

先生だって
こう書いてるし

上手に
描けてますね

すっ

匠君って
やっぱりちょっと
変だよね〜

うん
でも絵は上手だね…
頭もいいし

ぼくたちあっちの駄菓子屋行くけど匠君どうする?

いつもの道で帰るよ

やっ

お母さんはいつも匠の味方だよなぁ

ポチ

そりゃあなたは勉強嫌いだしやんちゃだしで手が掛かったけど

匠は成績もいいし絵を描いてるときは静かだし

あ！この前の賞をとった絵は学校に飾られてるのよ

テレビくらい好きなの見せてあげてよ

はいはい匠クンはテンサイだからねぇ

俺もテンサイのお兄ちゃんとして鼻が高いよ

ぱくぱく

5-1

みなさん
おはようございます
私は今年から
この第一小に来たので
いろいろ教えてくださいね

みなさんは
5年生になり
高学年となりました
下級生のお手本となるように
気を引き締めていきましょう

……

大丈夫？
一人で帰れる？

職員室

匠君は今までの先生が
甘やかしていたのか
ちょっと自分勝手な行動が
目立つんです

授業中に絵を描いていても
注意されてこなかった
みたいだし

ちょっと
越智先生
そんな言い方

私はこの子のためを思って
言っているんです
このまま大人になって困るのは
匠君本人ですよ！

それは今
この子の前で
する話ではないでしょう！

匠君の
お母さんが
いらっしゃいました

すみません！
うちの子が
ご迷惑かけたみたいで―

お母さん
匠君のことで
少しよろしいでしょうか

帰ろっか

とにかく
具合は
大丈夫そうで
安心したわ
お母さん

市
大黒
第一

でも
いないんだ！

そんなの
どうでもいいじゃない
帰るよ

犬が
いないんだ…

どうしたの？

匠君
授業中に絵を描いたり
ルールを守らないで
周りの友だちを困らせる
こともあるんです
もう5年生なのに
このままじゃ……

でも…
テストもできるし
絵だって上手だし…
こういうのも
個性なんでしょう…

……

あれ？
もしかして世良さん？

お久しぶりです〜
樹君お元気ですか？

あら
ご兄弟？

あっ加藤さん！

ええ
少年団では旦那さんに
樹がお世話になってて…
この子は下の子です

そうなんですね
うちにも下に
小学生の息子がいるんです

こんにちは
匠君

こら
匠！

いいん
ですよ〜

今日は2人で
お散歩ですか?

あ
実は──

…ということが
あって
困ったものです

お恥ずかしい
限りですが……

うちの子も
いろいろあったんですけど
信頼できる先生に会って
相談できたんですよ

今はちょっと
落ち着いたかな?

えっ!?
それって
どんな先生ですか?

「学びの教室」
っていう教室の先生なの
第二小にあるんだけど…

うちの下の子も
通ってるんですよ

※2巻第5話
に登場

確か第一小でも
始まったんじゃ
ないかしら

あっ樹
お帰り

ただいま
あー腹へった

あれ?
動画見てんの?
珍しいね

うんちょっとね
知り合いに勧められたので
見てるのよ

学びの教室…?
通級指導教室
のこと?

あんた
知ってるの?

校内の「ことばの教室」ってのに通ってた同級生がいたからね

この間「このままじゃ匠が困る」って言ったのは

その同級生を見てたってのもあったからさ

中学になったら部活とか学年とか今より上下関係が関わってくるし

先輩とも話を合わせなくちゃならないし

匠みたいに"いつも自分ルール"のままじゃ

ぜったい大変だと思ってさ

え─!?

匠は大丈夫でしょ勉強だってできるし

お父さんが帰ってきたら話はしてみるけど

必要ないだろ

勉強だってできてるし
絵だって賞をとって
飾られてるんだろ？
本人の個性を伸ばすのが
一番だ

そうよね

学校にも
毎日行っているんだし
中学だって大丈夫だよ

ぎゃ——っ

《4巻へ続く》

在籍学級との連携

　通級による指導を進めていく上で、子どもが在籍する学級の担任との連携は欠かせません。なぜなら、子どもたちは通常の学級に在籍しており、その学級での学習や生活上の困難を改善するために、通級による指導を受けているからです。そのため、子ども本人や保護者の話を聞くだけでなく、学級担任はどのように感じているか、把握しているのかを聞き取る必要があります。ただし、感じ方には個人の価値観やその時点の学級の状況が大きく影響します。おおらかな性格であまり細かなことは気にしないタイプの担任であれば、困難はあってもあまり表面化していないこともあります。逆に、きちんとできていないと気になるタイプの担任であれば、先生の方が「気になる」「できないことが多い」と感じている場合もあります。学級担任の思いを受け止めつつ、本人や保護者の思いも伝えながら、子どもの実態について共通理解を図ることが大切です。

　また、学級に支援を必要とする子どもが複数いて担任がその支援に追われているような場合、「もっと大変な子どもがいる。その子に比べれば問題は少ない」と捉えることもあります。このような場合は、対象となる子どもの困難を伝えるだけでなく、学級経営の工夫を一緒に考えたり、校内体制で支援できないかを検討したりすることも重要でしょう。「連携」は対象の子どものためにするのですが、その子どもの学級での困難が改善されるためには、まずは学級が落ち着いた状況であることが大切です。

　子どもの課題だけでなく、よいところや強い能力についても情報を共有することが大切ですし、通級指導教室でできるようになったことは、学級でも取り上げ、定着するように配慮することが必要です。それぞれの場での支援が子どもの目指す姿とつながるよう、学校の状況に応じたよりよい「連携」を作っていくことが大切です。

3巻の あとがき

『みんなが輝くために』第3巻をお読みくださってありがとうございました

3巻では主人公が巡回による指導により他校で子どもたちと関わっていきます

他校で先生方との関係をつくる難しさも出てきます

3巻の制作期間はコロナ禍の中でした大学ではオンライン授業が導入され、当初は不慣れてたいへんでした

Zoomを使った生配信

うまく学生に伝わってるか不安だわ…

オンデマンドのために動画撮影

ちょっとテンション上げる演技しないと…

3巻の打ち合わせもオンラインで行いました

東京のマンガ家さん、編集さんとオンラインで打ち合わせ

時間と場所を気にせずできて案外便利でした

コロナ禍という思ってもいなかった事態になり平穏な日常のありがたさを感じました

3巻も現場で活躍されている旧知の東京・田中容子先生北海道・山下公司先生にご協力いただき発行まで至りました

4巻でもみなさんにお会いできるのが楽しみです！4巻は中学通級もテーマにしたい！

みなさんのご意見ご感想も大変参考になっており創作の励みになっています

通級のこと もう少し知りたい！

梅田真理(うめだまり)先生が答える

Q and A

Q. 自校通級、他校通級、巡回(じゅんかい)による指導(しどう)の違(ちが)いは何ですか?

A. 指導を受ける「通級指導教室」が、どこに設置(せっち)されているかの違いです。自分の通う学校に教室がある場合は自校通級となり、教室が校内にありますので子どもは自分で通います。

自分の学校になく別(べつ)の学校にある場合が他校通級で、他の学校にあるため保護者に送迎(そうげい)してもらって通います。巡回による指導は、指導する先生が他の学校に行って指導するので、子どもは自分の学校で指導を受けることができます。

Q. 通級による指導の効果(こうか)はどのように評価(ひょうか)されているのですか?

A. 通級による指導では、個々(ここ)の子どもの課題(かだい)に添(そ)った目標(もくひょう)を立てますので、一律(いちりつ)に評価できるわけではありません。その子どもの課題が改善(かいぜん)されているかどうか、学習面や生活面での細やかな観察(かんさつ)が必要(ひつよう)です。また、子どもたちは通常の学級に在籍(ざいせき)しているわけですから、通常(つうじょう)の学級での変化(へんか)についても、学級担任(たんにん)と連携(れんけい)し把握(はあく)することが大切です。個別の指導計画には指導目標を記載(きさい)するわけですから、学期毎(じょうたいまい)などで子どもの状態(じょうたい)を確認(かくにん)し評価することが必要です。また、家庭での様子も聞き取るなど保護者との連携も重要です。

Q. 通級による指導を受けると高校受験に不利になることはありませんか？

A. 通級による指導が受験に不利になるということはありません。通級による指導を受けていたことは指導要録に記載されますが、高校受験では指導要録の提出は求められません。

ですので、高等学校側へ知らせる必要はありません。ただし、進学先の高等学校で通級による指導を受けたい、通級指導教室は設置されていないが配慮は受けたいなどという希望がある場合は、中学校在学中に通級指導教室担当者や学級担任と相談し、早めに高等学校へ伝えておくことが大切です。

Q. 通級による指導を受けたことは、記録として次の学校へ引き継がれるのですか？

A. 小・中学校、高等学校では、通級による指導を受けたことは指導要録に記載されます。これは学級担任の役割ですので、通級指導教室担当者からの記録に基づいて記載されます。

主な内容は、通級による指導を受ける学校名、通級による指導の授業時数、指導期間、指導内容及び結果、です。指導要録は、進学に際して「写し」を進学先の学校へ送付しますので、それによって引き継がれることになります。また、個別の指導計画、個別の教育支援計画も引き継ぎの大切な資料です。進学先へ見せるかどうかは保護者や子ども本人の意思によりますが、継続した配慮や支援を受けたい場合は、現在の担当者や学級担任と相談の上、ぜひ進学先の特別支援教育コーディネーターなどとの相談に活用するとよいでしょう。

*参考文献：文部科学省「通級による指導を担当する教師のためのガイド」
（https://www.mext.go.jp/tsukyu-guide/#chapter1）

【謝辞】
田中容子先生
山下公司先生

みんなが輝くために3

2022 年 2 月 5 日　初版第 1 刷発行

【原作・著】
梅田 真理

【マンガ・イラスト】
河西 哲郎

【発行人】
山口 教雄

【発行所】
学びリンク株式会社

〒 102-0076　東京都千代田区五番町 10 番地 JBTV 五番町ビル 2 階
電話 03-5226-5256
FAX 03-5226-5257

【印刷・製本】
株式会社シナノ パブリッシングプレス

【表紙・本文デザイン】
藤島 美音、渡邉 幸恵、南 如子（学びリンク）

ホームページ　http://manabilink.co.jp/
ポータルサイト　https://www.stepup-school.net/